Das Kind

Montessori-Perlen

Herausgegeben von
Harald Ludwig und Michael Klein-Landeck

Das Kind

Maria Montessori

Das Kind

Baumeister des Menschen

Herausgegeben und mit einem
Nachwort versehen von
Harald Ludwig

HERDER

FREIBURG · BASEL · WIEN

MIX
Papier aus verantwortungsvollen Quellen
FSC® C014496

www.herder.de

Umschlaggestaltung und -konzeption: rsrdesign, Wiesbaden
Umschlagmotiv: Maria Montessori mit Perlenkette, 1936
Satz: SatzWeise, Bad Wünnenberg
Herstellung: GGP Media GmbH, Pößneck
Printed in Germany

ISBN Print 978-3-451-34952-2
ISBN EBook (PDF) 978-3-451-81971-1
ISBN EBook (EPUB) 978-3-451-81975-9

Inhalt

Vorbemerkung

Die Italienerin und Weltbürgerin Maria Montessori (1870–1952) war nach dem Urteil vieler die bedeutendste Pädagogin des 20. Jahrhunderts. Schon zu ihren Lebzeiten waren Erziehungsinstitutionen, die sich an ihrer Pädagogik orientierten, weltweit verbreitet. Heute findet man sie in mehr als 110 Ländern.

Im Mittelpunkt des pädagogischen Denkens Maria Montessoris steht das Kind mit seinen grundlegenden Entwicklungsbedürfnissen und Aufbaukräften. Erziehung bedeutet für sie, dem Kind, dem Jugendlichen, dem Menschen überhaupt Hilfe zu leisten beim Selbstaufbau seiner Persönlichkeit. Das Kind ist für Montessori »Baumeister des Menschen«. Dieser Grundansatz wird von der international wirkenden Pädagogin lebenslang beibehalten und in Theorie und Praxis immer weiter ausgebaut.

Die folgenden Texte, die Vorträge Montessoris wiedergeben, vermitteln einen Einblick in ihr grundlegendes Verständnis vom Kind und der aktiven Rolle, die es bei seiner Erziehung und Bildung spielen soll.

Informationen zum Entstehungszusammenhang der Texte finden sich im Nachwort des Herausgebers.

Harald Ludwig

Das Kind

Bisher war es das ausschließliche Ziel des Erziehers, auf das alle seine Anstrengungen gerichtet waren, das Kind für das soziale Leben, das es einmal zu führen hätte, vorzubereiten. Deshalb war man vor allem darauf bedacht, dass es die Erwachsenen nachahme, man zwang es, die schöpferischen Kräfte seines Geistes unter dem Nachahmungstrieb zu ersticken, man lehrte es vorzugsweise, was zu wissen für unentbehrlich gehalten wurde, um in der zivilisierten Welt zu leben. Diese völlige Angleichung an eine Form des sozialen Lebens, das nicht das natürliche Leben der Kinder ist und welches erst dann das ihre ist, wenn sie erwachsen sind, führte dazu, dass das Kind in der alten Schule und in der alten Form der Erziehung in der Familie nicht für sein wahres Wesen wertgeschätzt wurde. Das Kind war nur eine »Zukunft«, es stellte nur ein »Werden« dar, deshalb zählte es nicht, bis es ein Erwachsener geworden war.

Und doch ist das Kind, wie alle menschlichen Wesen, eine ganz eigene Persönlichkeit. Es trägt in sich die Schönheit und die Würde des schöpferischen Geistes, die durch nichts verwischt werden können, und seine reine und empfängliche Seele bedarf unserer zartesten Fürsorge. Wir dürfen uns nicht nur mit seinem zarten kleinen Leib beschäftigen und wir dürfen nicht nur daran denken, ihn mit aller Sorgfalt zu nähren, zu waschen und zu kleiden. Der Mensch lebt auch in seiner Kindheit nicht vom Brot allein und die materiellen Dinge sind zweitrangig und können den Menschen in jedem Lebensalter entwürdigen. Beim Kind begünstigt sklavische Abhängigkeit wie auch bei Erwachsenen die niederen Gefühle und erzeugt einen absoluten Mangel an Würde.

Die soziale Umgebung, die wir für uns geschaffen haben, passt nicht für das Kind. Es versteht sie nicht; also steht es ihr gezwungenermaßen fern und da es sich unserer Gesellschaft, von der es ausgeschlossen ist, nicht anpassen kann, wird es der Schule anvertraut, die dann oft zu seinem Gefängnis wird. Wir sind uns heute bereits klar über die verhängnisvollen Auswirkungen der Schule, in der man mit den alten Methoden unterrichtet. Die Kinder leiden darunter nicht nur körperlich, sondern auch moralisch. Das grundsätzliche Problem der Erziehung – die Erziehung des Charakters – ist von der Schule bisher vernachlässigt worden.

Übrigens herrscht auch innerhalb der Familie der gleiche Grundirrtum: Man denkt ausschließlich an die Zukunft des Kindes, seine künftige Existenz, und man achtet niemals auf die Gegenwart, d.h. auf die Dinge, derer es bedarf, um in seiner Altersstufe zu leben. In den günstigsten Fällen, in den fortschrittlicheren Familien, beginnt man dem physischen Leben des Kindes Rechnung zu tragen: vernünftige Ernährung, Bäder, gesunde Kleidung, Leben an frischer Luft stellen den letzten Fortschritt auf diesem Gebiet dar.

Unter allen Bedürfnissen des Kindes vernachlässigt man das menschlichste: die Ansprüche seines Geistes, seiner Seele. Der Mensch im Kinde bleibt uns verborgen. Wir sehen nur alle Anstrengungen und alle Energie, deren es bedarf, um sich vor uns, den Erwachsenen, zu schützen: Weinen, Schreien, Launenhaftigkeit, Schüchternheit, Ungehorsam, Lüge, Selbstsucht, Zerstörungswut. Außerdem begehen wir damit aber den noch größeren Irrtum, diese Verteidigungsmittel als die grundlegenden Wesenszüge des kindlichen Charakters anzusehen. Wir halten es dann für unsere ernste Pflicht, sie mit äußerster Strenge auszumerzen, mit einer Härte, die sich manchmal zu körperlichen Züchtigungen hinreißen lässt. Und doch sind diese Reaktionen des Kindes oft Anzeichen einer seelischen Erkrankung, oftmals ziehen sie sogar eine richtige Nervenkrankheit nach sich, die Auswirkungen auf sein weiteres Leben hat.

Wir wissen wohl alle, dass das Alter, in dem der Mensch sich entwickelt, das wichtigste im ganzen Leben ist: Eine moralische Unterernährung, eine Vergiftung des Geistes in dieser Zeit sind daher ebenso verhängnisvoll für den künftigen Menschen wie eine Unterernährung des Embryos für die künftige Gesundheit des Körpers. Daher ist die Kindererziehung das wichtigste Problem der Menschheit.

Es ist für uns eine Gewissensfrage zu versuchen, jede noch so kleine Nuance der kindlichen Seele zu verstehen und dabei Rücksicht auf unser Verhältnis zur Welt der Kleinen zu nehmen. Bisher gefiel es uns beinahe, als gnadenloser Richter vor den Kindern zu stehen, die verglichen mit uns Tugendreichen als äußerst mangelhaft erscheinen. Jetzt müssen wir uns mit einer viel bescheideneren Rolle begnügen. Sie entspricht der Auslegung, die Emerson[1] von der Botschaft Jesu gibt: »*Die Kinder sind der ewige Messias, der immer wieder in die Arme der gefallenen Menschheit zurückkommt, um sie zu bitten, ins Himmelreich zurückzukehren*«.

Wenn wir daher anfangen, die Mühe, die wir

auf das Kind verwenden, um ihm eine Welt, eine geeignete Umgebung zu schaffen, als unbedingte und dringende Notwendigkeit zu betrachten, dann werden wir ein großes Werk zum Nutzen der Menschheit vollenden.

Das Kind kann in der komplizierten Welt des Erwachsenen kein ihm gemäßes Leben führen. Vielmehr ist es offensichtlich, dass der Erwachsene mit seiner ständigen Beaufsichtigung, seinen unausgesetzten Ermahnungen und seinen willkürlichen Befehlen die Entwicklung des Kindes stört und behindert. Alle aufkeimenden guten Kräfte werden so erstickt. Nur eines bleibt dem Kind: der heftige Wunsch, sich möglichst von allem und von allen zu befreien.

Geben wir also die Rolle des Kerkermeisters auf und bemühen wir uns stattdessen, ihm die Umgebung zu schaffen, in der man, soweit es irgend möglich ist, darauf verzichtet, es mit Überwachung und Belehrung zu ermüden. Je vollkommener die Umgebung dem Kinde entspricht, desto mehr kann sich der Lehrer zurücknehmen. Jedoch darf man einen wichtigen Grundsatz nicht vergessen: Dem Kind Freiheit zu gewähren, kann nicht bedeuten, dass wir es sich selbst überlassen oder es gar vernachlässigen. Nicht durch gleichgültige

Untätigkeit helfen wir der kindlichen Seele bei allen Schwierigkeiten ihrer Entwicklung, sondern wir müssen ihr mit Umsicht und liebevoller Sorge beistehen.

Wenn wir die Umgebung des Kindes sorgfältig vorbereiten, so ist dies im Übrigen schon eine große Aufgabe, da es sich darum handelt, eine neue Welt zu schaffen: die Welt der Kinder.

Kaum sind die kleinen Möbel, die die Kinder wirklich gebrauchen können, vorbereitet, so ordnet sich ihre Tätigkeit in verblüffender Weise. Ihre Willenskraft leitet ihre Bewegungen, sie können ohne Gefahr auf sich selbst gestellt sein, da sie wissen, was sie wollen. Im Kinde lebt ein Bedürfnis, sich zu betätigen, das vielleicht größer ist als dasjenige, sich zu nähren, aber wir erkennen es nicht, weil bis jetzt das geeignete Betätigungsfeld gefehlt hat. Geben wir ihm dieses, so wird aus einem kleinen, unzufriedenen Quälgeist ein fröhlicher Arbeiter. Der sprichwörtliche Zerstörer wird zum sorgsamsten Hüter der ihn umgebenden Dinge. Das lärmende, ungeordnete Kind verwandelt sich in ein ruhiges, völlig geordnetes Wesen. Fehlen dem Kinde aber die geeigneten äußeren Mittel, so kann es von den großen Energien, die die Natur ihm verliehen hat, keinen Gebrauch machen. Und doch hat es den instinktiven Drang nach einer Tätigkeit, die *alle* seine Kräfte in Anspruch nimmt, denn nur so kann es seine Fähigkeiten vervollkommnen. Alles hängt davon ab.

Heute weiß man fast überall etwas über das »Haus der Kinder« und fertigt schon einfache und praktische Gegenstände an, deren Zweck es ist, der geistigen Entfaltung des Kindes zu dienen. Es gibt kleine, hübsche Möbel in lebendigen Farben, so leicht, dass sie umfallen, wenn sie angestoßen werden, und die Kleinen können sie bequem von der Stelle rücken. Ihre lichte Farbe zeigt sofort alle Flecken: So wird der Schaden gleich entdeckt und mit ein wenig Wasser und Seife schnell wieder beseitigt. Jedes Kind kann seinen Platz wählen und sich alles so zurechtrücken, wie es ihm gefällt; aber da diese Möbel leicht sind, verraten sie jede ungeschickte Bewegung durch ein Geräusch. So lernt das Kind, auf die Bewegungen seines Körpers zu achten. Es gibt dort auch hübsche, zerbrechliche Gegenstände aus Glas und Porzellan. Lässt das Kind einen dieser Gegenstände fallen, zerbricht er und geht damit für immer verloren – so ist der Kummer über den Verlust die empfindlichste Strafe. Was ist das für ein Schmerz, der Verlust eines geliebten Gegenstandes! Wer fühlt sich nicht getrieben, ein kleines Kind zu trösten, das ganz rot und weinend vor einem zerbrochenen Gefäß steht? Das Kind wird beim Tragen zerbrechlicher Gegenstände von nun an all seinen Willen anspannen, um die Bewegungen seines Körpers in der Gewalt zu haben.

Die Umgebung selbst hilft ihm, sich ständig zu verbessern, da die Lehrerin, wenn jeder kleinste Fehler sich von selbst enthüllt, nicht einzugreifen braucht. Sie kann bei all diesen kleinen Begebenheiten Zuschauerin bleiben. Nach und nach wird es dem Kinde so vorkommen, als höre es die Stimme der Gegenstände, die in ihrer stummen Sprache reden und auf die kleinen Fehlleistungen hinweisen: »Pass doch auf, siehst du nicht, ich bin das Tischchen, ich bin ganz glatt lackiert, beschmutze mich nicht, mach mich nicht fleckig!«

Aber auch in der *Schönheit* der Gegenstände und der Umgebung liegt ein steter Ansporn für das Kind, tätig zu sein und seine Bemühungen zu verdoppeln. Daher sollen alle Gegenstände anziehend sein, die Staubtücher sollen bunt sein, die Besen mit leuchtenden Farben bemalt, und die kleinen Bürsten sollen genau so anziehend wie die kleinen runden oder rechteckigen Seifenstücke sein. Aus allen diesen Gegenständen muss eine

Stimme heraustönen, die dem Kinde zuruft: »Komm, rühr mich an, gebrauche mich!« – »Siehst du es? Ich bin das bunte Staubtuch, wische den Staub vom Tischchen!« – »Und ich bin der kleine Besen. Nimm mich in deine Händchen und kehre!« – »Kommt, ihr lieben Händchen, taucht ins Wasser und nehmt die Seife!« So zieht die Schönheit der Gegenstände das Kind überall an und dringt in die Tiefe seines Gefühls ein. Nicht die Lehrerin ist es, die zu dem ihr anvertrauten Kinde sagt: »Karl, fege aus!« – »Hans, wasch dir deine Hände!« Jedes Kind, das sich selber genügen kann, das seine Schuhe und Kleider allein an- und ausziehen kann, spiegelt in seiner Freude und Fröhlichkeit einen Abglanz menschlicher Würde wider. Denn die menschliche Würde entspringt dem Gefühl der eigenen Unabhängigkeit.

Die Freude, welche die Kleinen beim Arbeiten empfinden, lässt sie alles mit fast übermäßiger Begeisterung vollbringen. Sie polieren eine Türklinke immer wieder, bis sie spiegelblank ist, ja selbst einfachere Arbeiten, wie das Staubwischen oder Fegen machen sie mit einer gewissen Übertreibung. Das, was sie ansporn, ist offenbar nicht das Erreichen eines gesteckten Zieles allein, sondern die Verwertung latenter Energien, und diese bestimmen auch die Dauer ihrer Tätigkeit.

Sie bauen den Menschen in ihrem Inneren. Und mit einem derartig großzügigen Umgang mit ihrer Energie, der die äußere Notwendigkeit so stark überschreitet, erinnern sie uns an die Parabel von den Talenten: Ja, diese Kinder führen ihre Arbeiten aus, damit ihr innerer Schatz, den Gott ihnen mitgab, als er sie ins Leben schickte, möglichst viele Früchte trägt.

Die steten Wiederholungen derselben Tätigkeiten machen das Kind glücklich und bringen es geradezu zu »Meisterleistungen«. Wir sehen kleine Kinder im zartesten Alter sich allein an- und ausziehen, Knöpfe schließen, Knoten knüpfen und Schleifen binden, tadellos den Tisch decken, Teller und Gläser reinigen. Wenn das Kind im Alter von drei Jahren anfängt, allein mit allem fertig zu werden und seine Schuhe richtig an- und auszuziehen, seine Kleider überstreifen und zuknöpfen kann, dann verspürt es eine Art heitere Freudigkeit, die Zeichen seines Gefühls für Menschenwürde ist, die es erlangt hat, indem es sich von anderen unabhängig machte.

Und nicht nur das, der Überschuss der kindlichen Kräfte zeigt sich auch darin, dass ein Kind das gerade Erlernte zum Nutzen derer anwendet, die noch nicht die gleiche Stufe der Fertigkeit erlangt haben. Es knöpft dem kleineren Kinde die Schürze zu, bindet ihm die Schuhbänder und wischt eilig den Fußboden auf, wenn ein anderes Kind die Suppe verschüttet hat.

Spült es Teller, so reinigt es das, was andere beschmutzten, deckt es den Tisch, so bereitet es das Wohlbehagen vieler anderer vor, die nicht mit ihm diese Arbeit geteilt haben. Dennoch empfindet es diese Arbeit im Dienste anderer nicht als eine Mehrleistung, die eine Belohnung verdient, nein, gerade diese Anstrengung ist die Belohnung, nach der das Kind verlangt. Einmal sah ich ein Kind ganz traurig vor einer warmen Suppe sitzen, ohne diese auch nur zu versuchen. Man hatte ihm versprochen, den Tisch decken zu dürfen, und dann hatte man es vergessen. Diese Enttäuschung brachte die Bedürfnisse seines Körpers zum Schweigen; sein kleines Herz war bedürftiger als sein Magen.

Auf diese Weise entwickelt sich die äußere Aktivität des Kindes, die auf soziale Zwecke ausgerichtet ist. Es hat ein Ziel, das es sehr gut versteht und das es leicht verfolgen kann. Seine Intelligenz sucht dieses Ziel und dadurch, dass wir es in den Rahmen einer ihm gemäßen Umgebung stellen, geben wir ihm die Freiheit, dieses Ziel zu erreichen. Gewiss kommt das wahre Interesse aus tieferen Wurzeln und das Kind tut dies alles nur, um seinen Wunsch nach Betätigung zu stillen und den Gesetzen der Entwicklung nachzukommen. Aber auf jeden Fall braucht es ein einfaches und klares äußeres Ziel, um dieses Verlangen zu erfüllen.

Wir sehen, wie es sich wer weiß wie oft die Hände wäscht, nicht weil sie schmutzig sind, sondern weil es ein Ziel vor Augen hat, welches erfordert, dass der Reihe nach alle dazugehörigen Handlungen ablaufen: das Holen und Ausgießen des Wassers, die Benutzung der Seife und des Handtuches, den richtigen und genauen Gebrauch all dieser Dinge. Wie viel Arbeit bringt dies alles mit sich! Das Zimmer kehren, die Blumen mit frischem Wasser versorgen, die Tische zurechtrücken, Teppiche aufrollen, den Tisch für das Mittagessen decken: Alle diese sinnvollen Betätigungen gehen mit körperlicher Übung einher. Jeder, der Hausarbeit verrichten muss und die damit verbundene Mühe verspürt, weiß, wie viel Bewegung sie erfordert. Gerade jetzt spricht man so viel von Gymnastik und körperlichen Übungen. Hier haben wir sie und nicht die üblichen so mechanischen Übungen, sondern solche, die man mit klarem Geist und mit Einsicht ausführen kann.

Und doch sind alle diese Übungen, welche die Kinder so prompt und freudig ausführen und die das Entzücken aller Besucher des »Kinderhauses« hervorrufen, nicht das Wesentliche. Sie sind erst ein Anfang, und sie stellen die weniger wichtige Seite der kindlichen Betätigung dar.

Es ist eine bekannte Erscheinung, dass Gelehrte, die Männer der Wissenschaft, über eine innere Sammlung verfügen, die sie von den Dingen der Welt fernhält. Jedermann kennt die Anekdoten von Newton[2], der zu essen vergisst, und von Archimedes[3], der nichts vom Schlachtenlärm der Eroberung von Syrakus vernimmt und sich vom Feind bei seinen geometrischen Berechnungen überraschen lässt. Und doch weisen gerade diese Anekdoten auf die andere Seite jener inneren Sammlung hin. Die großen Entdeckungen, die einen Fortschritt der ganzen Menschheit herbeiführen, verdanken wir nicht so sehr der Bildung der Wissenschaftler und ihren Kenntnissen, als vielmehr dieser vollkommenen Konzentration und der Versenkung ihres Geistes, diesem »Sich-Abschließen« von der Welt.

Hat das Kind das entsprechende Tätigkeitsfeld für seine innersten Bedürfnisse gefunden, so offenbart es uns auch das, was es für seine existenzielle Entwicklung braucht. Es sucht nun die Beziehungen zu seiner menschlichen Umwelt und findet sie.

Es gibt tiefere Bedürfnisse, bei denen der Mensch allein mit sich selbst sein muss, getrennt von allem und allen, hingegeben einer geheimnisvollen Arbeit. Niemand kann uns helfen, jene innere Abgeschlossenheit zu erreichen, die uns unsere verborgenste, tiefste und ebenso geheimnisvolle wie reiche und volle Welt zugänglich macht. Wenn ein anderer sich einmischt, so unterbricht er und zerstört dadurch. Diese Sammlung, die man durch die Loslösung von der äußeren Welt gewinnt, muss von unserer Seele selbst ausgehen, und die Umgebung kann nur durch Ordnung und Ruhe einen günstigen Einfluss ausüben.

Diesen Zustand der völligen Sammlung treffen wir nur bei bedeutenden Menschen und auch da nur ausnahmsweise. Sie ist die Quelle innerer Festigkeit. Aus dieser Sammlung entspringt die Fähigkeit der Großen, die Massen mit besonnener Ruhe und unendlicher Güte zu beeinflussen. Das sind die Menschen, die sich nach längerer Absonderung von der Welt imstande fühlen, die großen Fragen der Menschheit zu lösen und die zugleich mit unendlicher Geduld die Schwächen und Unzulänglichkeiten ihrer Mitmenschen ertragen, selbst wenn sie auf Hass und Verfolgung stoßen.

Ferner besteht eine enge Verbindung zwischen der manuellen Arbeit, die im menschlichen Zusammenleben geleistet wird, und der tiefen Konzentration des Geistes. Obgleich es auf den ersten Blick scheinen will, als ob diese beiden Gegensätze darstellten, sind sie doch in Wirklichkeit eng miteinander verbunden, da die eine die Quelle der anderen ist. Das geistige Leben bereitet in der Einsamkeit die für das tägliche Leben erforderlichen Kräfte vor. Seinerseits begünstigt das tägliche Leben vermittels geordneter Arbeit die Sammlung, und die verbrauchten Kräfte werden aus der Quelle geistiger Sammlung ständig erneuert. Der Mensch, der in sich selbst klar sieht, empfindet die Bedürfnisse des inneren Lebens ebenso, wie der Körper die Bedürfnisse des physischen Lebens, Hunger und Schlaf, fühlt. Die Seele, die nicht mehr das Gefühl für ihre geistigen Bedürfnisse hat, ist auf derselben gefährlichen Bahn wie der Körper, der nicht mehr imstande ist, den quälenden Hunger oder das Bedürfnis nach Ruhe zu spüren.

Aber da wir diese Sammlung, dieses Versenken der Seele in sich selbst auch bei Kindern finden, so ist es klar, dass es sich nicht um einen Ausnahmezustand bei besonders begabten Menschen, sondern um eine allgemeine Eigenschaft der menschlichen Seele handelt, die sich nur bei wenigen bis ins Erwachsenenalter hinein erhält.

Betrachten wir nun bei den Kindern diese einzelnen Anzeichen der Konzentration, so ergibt sich ein ganz anderes Bild als früher, als es um die nützlichen Arbeiten ging. Ein Gegenstand, mit dem man nichts Nützliches tun kann, zieht unvermittelt die Aufmerksamkeit des kleinen Kindes auf sich, es beginnt, sich damit zu beschäftigen und ihn in jeder möglichen Weise zu bewegen. Oft sind es nur gleichsam mechanische und kleine Bewegungen; oft zerstört die Hand das, was sie soeben aufgebaut hatte, um es dann wieder von neuem aufzubauen. Und diese Bewegungen wiederholen sich so oft, dass wir nicht mehr daran denken dürfen, es handle sich um eine Tätigkeit, die mit besonderer Begeisterung betrieben wird, wie wir es bei den Übungen des praktischen Lebens sahen, sondern wir müssen darin ein besonderes Phänomen erkennen.

Als ich das erste Mal das Vorhandensein dieses kindlichen Charakterzuges entdeckte, war ich verblüfft und fragte mich, ob ich vor etwas ganz Außergewöhnlichem, vor einem neuen und wunderbaren Geheimnis stünde, denn hier vor meinen Augen sah ich viele Theorien der Psychologen zusammenstürzen. Diese nahmen an, und auch ich hatte es bis zu diesem Augenblick geglaubt, dass das Kind unfähig sei, seine Aufmerksamkeit lange auf irgendeinen Gegenstand zu konzentrieren. Und nun sah ich vor mir ein kleines Mädchen von vier Jahren, das mit den Anzeichen offenkundigster Aufmerksamkeit Holzzylinder verschiedener Dimensionen in Aussparungen hineingab.[4] Es steckte sie äußerst sorgfältig hinein und wenn keine mehr übrig waren, so zog es alle wieder heraus, um sie dann gleich wieder einzusetzen und so immer wieder, ohne dass ein Ende abzusehen gewesen wäre. Ich begann zu zählen. Als es dies mehr als 40mal gemacht hatte, setzte ich mich ans Klavier und ließ die anderen Kinder singen, aber die Kleine setzte ihre nutzlose Arbeit fort, ohne sich zu rühren, ohne die Augen zu heben, als ob sie ganz entrückt sei. Auf einmal hörte sie auf, stand mit klaren Augen auf, fröhlich und zufrieden, schien erleichtert und ausgeruht und lächelte, wie es ein Kind tut, das aus einem wohltuenden Schlaf erwacht.

Die gleichen Erscheinungen habe ich seither nun immer öfter beobachtet. Wenn Kinder eine Arbeit so gesammelt ausgeführt haben, scheinen sie immer ausgeruht und innerlich gestärkt zu sein. Es ist, als ob für die Kräfte, die in ihrer Seele ruhen, ein Weg frei geworden wäre. Die besten Seiten ihres Charakters kommen zum Vorschein. Sie erweisen sich gegen jedermann freundlich, sie opfern sich auf, anderen zu helfen, sie sind voller Verlangen, gut zu sein. Es kam vor, dass eines dieser Kinder sich ganz leise der Lehrerin näherte und ihr zuflüsterte, als wolle es ihr ein Geheimnis anvertrauen: »Fräulein, ich bin lieb!«

Die Bedeutsamkeit dieser Beobachtung wurde schon von anderen erkannt, besonders wurde sie aber von mir verwertet. Ich verstand, was in den Seelen vor sich geht, als ein Gesetz, das mir die vollständige Lösung des Erziehungsproblems möglich machte. Mir wurde klar, dass das Prinzip der Ordnung und die Entwicklung des Charakters sowie des Geistes- und Gefühlslebens von dieser geheimnisvollen und verborgenen Quelle ausgehen müssen. Und von nun an war es mein Streben, Übungsgegenstände zu suchen, die die Konzentration ermöglichten; und ferner studierte ich gewissenhaft, welche Umgebung die günstigsten äußeren Bedingungen für diese Konzentration bietet. So begann ich, meine Methode aufzubauen.

Hier liegt offenbar der Schlüssel der ganzen Pädagogik, diese kostbaren Momente der Konzentration zu erkennen, um sie zum Lehren des Schreibens, Lesens, Rechnens, später dann der Grammatik, der Arithmetik, der Fremdsprachen usw. nutzen zu können. Alle Psychologen sind sich darin einig, dass es nur eine ideale Form des Unterrichtens gibt: bei dem Schüler tiefstes Interesse und dadurch lebhafte und andauernde Aufmerksamkeit zu wecken. Nur darauf kommt es an: Die innere Kraft des Kindes für seine Bildung zu nutzen. Ist dies aber möglich? Es ist nicht nur möglich, es ist notwendig. Um sich zu sammeln, bedarf die Aufmerksamkeit abgestufter Anreize. Am Anfang sind es durch die Sinne leicht zu erkennende Gegenstände, welche die Kleinen interessieren: Zylinder verschiedener Größen, Farben, die nach ihrer Schattierung zu ordnen, verschiedene Töne, die zu unterscheiden, mehr oder weniger raue Oberflächen, die durch Betasten zu erkennen sind. Aber später haben wir das Alphabet, die Ziffern, das Lesen, die Grammatik, das Zeichnen, die schwereren Rechenoperationen, die Geschichte und die Naturwissenschaft – und so wird das Wissen des Kindes aufgebaut.

Dementsprechend ist auch die Aufgabe der neuen Lehrerin viel feiner und ernster geworden. Es hängt von ihr ab, ob das Kind seinen Weg zur Bildung und Vervollkommnung finden kann oder ob alles zerstört wird. Das Schwerste ist es, der Lehrerin beizubringen, dass sie sich selbst zurücknehmen und auf die Rechte verzichten muss, die ihr früher zukamen, damit das Kind fortschreiten kann: Sie muss gut verstehen, dass sie keinen *unmittelbaren* Einfluss auf die Formung und auf die Disziplin des Schülers hat und sie ihr ganzes Vertrauen auf seine verborgenen Kräfte setzen muss. Gewiss möchte sie immerzu den Kleinen Ratschläge erteilen, sie verbessern oder ermuntern und ihnen damit zeigen, dass sie ihnen an Erfahrung und Bildung überlegen ist; aber solange sie sich nicht damit abgefunden hat, dass in ihr jede Eitelkeit verstummen muss, solange kann sie keinen Erfolg haben.

Zum Ausgleich dafür muss sie sich sehr ausdauernd indirekt einsetzen: Sie hat mit großem Sachverstand die Umgebung vorzubereiten, das didaktische Material sichtbar bereitzustellen, das

Kind sehr sorgfältig in die Arbeiten des praktischen Lebens einzuführen. Sie muss ferner das den rechten Weg suchende Kind zu unterscheiden wissen von dem, das auf Abwege geraten ist, muss immer ruhig sein, immer bereit zu kommen, sobald sie gerufen wird, um ihre Liebe, ihr Vertrauen zu zeigen. Immer bereit sein, das ist alles.

Die Lehrerin weiht sich der Heranbildung einer besseren Menschheit. So wie die Vestalin[5] das heilige Feuer, das andere entzündet haben, rein und frei von Schlacken halten musste, so ist der Lehrerin die Flamme des inneren Lebens in all ihrer Reinheit anvertraut. Wenn diese Flamme vernachlässigt wird, erlischt sie und entzündet sich nie wieder.

Anmerkungen

[1] Ralph Waldo Emerson (1803–1882), amerikanischer Philosoph.

[2] Isaac Newton (1643–1727), engl. Physiker, Mathematiker, Astronom, Philosoph.

[3] Archimedes von Syrakus (um 287 v. Chr. – 212 v. Chr.), antiker griechischer Mathematiker, Physiker und Ingenieur.

[4] Diese Schlüsselgeschichte findet sich im Werk Montessoris häufig, jeweils mit leichten Variationen. In der Regel wird das Alter des Mädchens mit drei Jahren angegeben. Es handelt sich im Folgenden um eine Übung mit den »Einsatzblöcken« bzw. »Einsatzzylindern« (wie sie heute meist bezeichnet werden).

[5] Eine *Vestalin (virgo Vestae)* war im Römischen Reich eine Priesterin der Vesta. Das Priesterkollegium der Vestalinnen bestand aus sechs Jungfrauen, die als die einzigen und höchsten Priesterinnen Roms das *heilige Herdfeuer* der Stadt hüteten.

Das Kind offenbart sich selbst

Gerne möchte ich berichten, wie die Kinder mir ihre Offenbarungen machten, aber ich muss gestehen, dass ein solcher Bericht Schwierigkeiten macht. Denn es fehlt die passende Sprache dafür. Das Hindernis, Kinder zu verstehen, liegt in uns selbst. Wir alle sind Menschen mit einer Maske. Unser Ich ist unter Verkleidungen versteckt, die nur schwer die Wahrheit durchdringen lassen, auch die einfachste nicht; selbst die nicht, welche die Kinder uns jederzeit bereitwillig zur Verfügung stellen. Mir sind die wichtigsten Hindernisse, die zwischen mir und den Kindern standen, jetzt voll bewusst. Sie wären unüberwindlich gewesen, wenn zufällige Umstände mir nicht geholfen hätten.

Mein größtes Hindernis war meine Ausbildung, meine lange Studienzeit und die Intensität, mit der ich mich zu den damaligen weit zurück liegenden Zeiten der Wissenschaft vollständig hingegeben habe. Ich war Ärztin und beschäftigte mich mit Problemen der Geisteskrankheiten. Es gab zahlreiche Probleme und sie wurden besonders in Frankreich untersucht. Die Schule von Charcot[1] beschäftigte sich mit der Suggestion und dem Unterbewusstsein, die Endokrinologie[2] vermittelte nach der Entdeckung von Brown-Séquard[3] den

Eindruck, durch die Behandlung der Schilddrüse könne man den Geisteszustand vieler Kinder, die aufgrund von Drüsendefekten idiotisch[4] waren, verbessern.

Ich habe einen nahezu neuen Weg eingeschlagen. Er bestand darin, die idiotischen und schwachsinnigen Kinder unter zwei Gesichtspunkten zu betrachten, nämlich nicht nur unter dem ihrer medizinischen Behandlung, sondern auch unter dem einer pädagogischen und erzieherischen Förderung. Dieser neue Weg, der damals in Italien noch unbekannt war, wurde indessen in Frankreich kurz nach der Revolution auch schon von zwei Ärzten beschritten: von Itard und Séguin.[5] Ich war eine posthume Schülerin dieser zwei großen Gründer der wissenschaftlichen Pädagogik. Mit den ausschließlich medizinischen Behandlungen hörte ich auf und gründete am Irrenhaus[6] von Rom eine Schule für die idiotischen Kinder, die dort untergebracht waren. Ich erinnere mich noch gut an diese revolutionäre Tat, die meinen allmählichen Übergang von der Medizin zur Pädagogik bedeuten sollte.

Ich verbrachte ganze Tage in der Abteilung der Idioten, die sich neben der Abteilung für mittellose Intellektuelle befand, die infolge geistiger

Überanstrengung erkrankt waren und auf ihre Weise an meinen Bemühungen teilnahmen. Sie waren begeistert von der Hilfe, die ich den Kindern angedeihen ließ. Denn ich arbeitete für die Befreiung der Kinder von dem Schicksal, ihre ganze Kindheit, ihre ganze Jugendzeit, ihr ganzes Leben hindurch eingeschlossen in einem Irrenhaus leben zu müssen. Bei meinen Versuchen profitierte ich auch von einem anderen Wissenschaftszweig, der experimentellen Psychologie, die aus Deutschland kam, verbunden mit den Forschungen von Wundt[7] und Fechner[8], die dann in Frankreich in Binet[9] mit seinen bekannten Intelligenztests einen genialen Nachfolger fanden.

Ich arbeitete daran, die Reaktionsproben der deutschen experimentellen Psychologie mit den Materialien zu vergleichen, die von Itard und Séguin ausgearbeitet worden waren, und führte dabei eine praktische und zugleich wissenschaftliche Arbeit durch, die mir Titel und Tätigkeit als Dozentin an der Universität von Rom einbrachte. Ich war schon seit zehn Jahren Arzt und seit vier Jahren Dozentin an der Universität, als ich den Kindern begegnete, die mir ihre Offenbarungen machten. Warum waren nun ausgerechnet meine gesamte Ausbildung und mein unbestreitbarer Erfolg das Hindernis, Zugang zur Seele der Kinder zu finden? Weil ich, wie schon gesagt, an der Krankheit interessiert war. Die Krankheit war das allein Wissenschaftliche, das allein Interessante, das allein Lohnende. Nur die Krankheit verdiente untersucht zu werden. Die Gesundheit? Die Gesundheit war gar nichts. Es war, als ob es sie nicht gäbe. Man sah dort, in diesem verborgenen Bereich, kein Forschungsproblem.

Wenn wir genauer darüber nachdenken, verdunkelt dasselbe Hindernis das Herz und den Verstand aller. Wenn wir zum Beispiel heute von der sozialen Frage sprechen, reden wir von sozialen Missständen. Die zwei Extreme bei den Lebensbedingungen, die der Ärmsten und der Reichsten, sind die beiden Krankheitsbilder, die unsere Aufmerksamkeit erwecken. Wir bilden uns ein, von diesen zwei Krankheitsbildern her alles lösen und eine bessere Form des Zusammenlebens in der menschlichen Gesellschaft finden zu können. Aber solange wir nur die Krankheit sehen, bleibt die Welt der Gesundheit für die Menschheit völlig unzugänglich. Deshalb hätte ich auch das Geheimnis des Kindes nicht herausgefunden, wenn mir der Zufall nicht geholfen hätte.

Zwar habe ich die Schulen von normalen Kindern in Rom beobachtet. Ich ging in Fröbelkindergärten[10] und in Grundschulen, immer aber unter dem Gesichtspunkt des Pathologischen. Ich suchte also nach Fehlern von Schulen und Erziehung bei ihrem Vorgehen, anders formuliert: nach der Krankheit ihrer Methoden. Dann untersuchte ich als Hygienikerin die »schlechten Lebensbedingungen und ihre Folgen für die Schüler«. All das war »Orientierung am Schlechten«, das Bemühen, die Welt aus einer falschen Sicht zu betrachten, den Pessimismus zu pflegen. Sich die Aufgabe zu stellen, ohne Pessimismus das Gute in sich zu suchen – die Gesundheit –, ist wie ein Wunder, weil man die Gesundheit nicht so leicht sieht.

Der Zufall führte mich 1906 zu den etwa vierzig armen Kindern aus dem Stadtteil San Lorenzo in Rom – vor genau dreißig Jahren.[11] Es ging um eine umfangreiche Reform der Sozialwohnungen in Rom, die sich wirklich in einem Zustand befanden, der unzivilisiert, unmoralisch und der Hauptstadt Italiens nicht würdig war. Man musste sie alle erneuern. Die Neueröffnung an diesem Tag war wie ein erster Stein. Das Konzept bestand darin, die kleinen Kinder der Hausbewohner alle in einem Raum zu versammeln, damit sie nicht die Wände beschmutzten und durch die Straßen liefen. Es handelte sich nicht um Schulen.[12] Denn sonst hätte man eine ausgebildete Lehrerin gerufen und wenn das Vorhaben mit einer Schule und einer solchen Lehrerin begonnen hätte, wäre es sicher nie zu den Offenbarungen durch die Kinder gekommen. Mir sollte eine Art sozialer und hygienischer Verantwortung zukommen, die nicht genau bestimmt war.

Ich sehe sie noch vor mir, diese unbeholfenen Kinder. Mit den Händen hielt sich jedes Kind an den Kittelchen aus grobem, blauem Leinen des vorangehenden Kameraden fest. Sie bildeten so eine lange Reihe von weinenden Wesen mit verschleierten Augen, als ob sie im Leben noch nie etwas gesehen hätten. Ihre Eltern waren fast alle Analphabeten. Es waren Arbeiter, die man Tagelöhner nannte, das heißt, dass sie von Tag zu Tag auf Arbeitssuche waren. Die Kleinen waren in dreckigen, dunklen und verseuchten Häusern und Straßen geboren und aufgewachsen. Nie hatten sie etwas anderes gesehen. Sie waren so unterernährt, dass man sofort dachte, es sei notwendig, Pfleger einzusetzen, um sie von ihrer Blutarmut zu heilen und für eine ausreichende Ernährung zu sorgen.

Ich kann jetzt nicht weiter ausholen und darlegen, wie es kam, dass nichts von alldem gemacht wurde. Man hat nicht versucht, Pfleger für die medizinische Pflege oder Küchen oder irgendeine besondere Versorgung vorzusehen. Diese armen Kinder wurden wirklich in einem Raum des sozialen Wohnblocks abgesondert, damit sie nicht die Mauern verschmierten und nicht durch die Straßen liefen. Es wurde keine Schule vorbereitet; nur Stühle und Tische. Es sah ein wenig wie in den Gaststätten des Viertels aus. Die Tochter des Hausmeisters sollte auf die Kinder aufpassen. Ich erreichte, dass es stattdessen eine Art von Lehrerin gab, die gerade keine Stelle hatte und als Arbeiterin tätig war.

Da ich sonst nichts Gutes tun konnte, dachte ich daran, einige Testmaterialien der Experimentalpsychologie, die mir auch für die Schwachsinnigen hilfreich gewesen waren, bei den Kindern einzusetzen. Ich wollte sehen, ob man mit einiger wissenschaftlichen Exaktheit herausfinden könne, in welchen verschiedenen Lebensaltern normale und idiotische Kinder dieselben Reaktionen zeigen würden, und so möglicherweise eine Beziehung zwischen normalen und anormalen geistigen Niveaus festzustellen. Nach diesem Kriterium, also um einer psychologischen Diagnose willen, ließ ich viele Gegenstände mit großer Präzision anfertigen, damit es Messgeräte wurden. Ich zeigte der Lehrerin ihre exakte Verwendung, wie man auch den Gebrauch eines Präzisionsinstrumentes gezeigt hätte, beispielsweise den einer Waage oder eines Mikroskops.

Zur selben Zeit brachten wohltätige Frauen, da es Weihnachtszeit war, als Geschenk sehr schönes Spielzeug mit, das die Kinder sich nicht einmal im Traum hätten vorstellen können: Puppen, Küchen, in denen wirklich ein Herdfeuer angezündet werden konnte, Handwagen, usw. So fing das Haus mit seiner Arbeit an.

Nun kam es zur ersten Offenbarung. Diese Präzisionsobjekte, diese mentale Reaktionen auslösenden Mittel wurden von der Lehrerin mit großer Genauigkeit vorgestellt, aber dann den Kindern überlassen. So trat ein Phänomen ein, das man zuvor nie gesehen hatte, weil ein Mittel, das eine Reaktion auslöst, vom Tester normalerweise bei der Versuchsperson benutzt wird, um die sofortige Reaktion zu beobachten. Hier wurde aber der Gegenstand nur vorgestellt und dann in den Händen der Kinder gelassen, und es war, als ob dieser Gegenstand ein Schlüssel wäre, der einen Mechanismus ausgelöst hätte. Die Kinder machten sich ans Werk, benutzten den Gegenstand und begannen dann dieselbe Übung mit einer wirklich einzigartigen Aufmerksamkeit von neuem. Es war das erste Mal, dass ich erlebte, wie ein komplett neues psychisches Phänomen auftrat.

Ich beschreibe es auch im achtzehnten Kapitel meines Buches »L'enfant«,[13] weil es die Basis des gesamten Enthüllungsprozesses ist. Es ist ein Phänomen von solcher totalen und tiefen Konzentration, dass sich die Person von der Umgebung isoliert, mag sie auch noch so reich an Reizen sein.

Es handelte sich um ein dreieinhalbjähriges Mädchen, das Holzzylinder von abgestufter Größe, die sich exakt in die Öffnungen eines Holzblocks stecken ließen, herauszog und wieder hineinsteckte. Es zog alle Zylinder heraus und machte dann die recht schwierige Übung, den Platz jedes Zylinders wieder zu suchen. Es setzte sie wieder ein und begann dann von neuem. Sein Gesicht drückte hohe Aufmerksamkeit aus. Da ich sah, dass sich das Ganze mehrmals wiederholte, kam ich auf die Idee, zu zählen, auch wenn die Übung schon mehrmals wiederholt worden war. Ich zählte zehn-, zwanzig-, dreißigmal. Nun verstand ich, dass ich mich vor einem außergewöhnlichen Phänomen befand, und bat die Lehrerin, die Kinder alle zusammen singen zu lassen. Fast erschreckt stellte ich fest, dass das Mädchen unbeirrbar weitermachte, taub gegenüber einem solchen intensiven Anreiz. Also nahm ich den Stuhl, auf dem das Mädchen saß, und stellte das Kind und den Gegenstand auf einen Tisch. Es hatte eilig seine Holzzylinder aufgesammelt und fing dort oben seine Arbeit erneut mit derselben Aufmerksamkeit und denselben Bewegungen an. Ich hatte zweiundvierzig Wiederholungen gezählt, als das Mädchen aufhörte. Es schaute sich um, als ob es von einem Traum erwachte, und lachte wie ein glücklicher Mensch. Seine Augen glänzten, sein Gesicht war heiter und ausgeruht. Es war nicht mehr das unbeholfene Mädchen mit den ausdruckslosen Augen. Etwas sehr Tiefes in ihm war aufgewacht. Was? Warum war gerade jetzt seine Übung zu Ende, die vorher durch nichts unterbrochen werden konnte?

Diese Phänomene wiederholten sich oft, bei vielen Kindern und immer unter denselben Umständen, d.h. mit einem Material, das die Bedingungen von Genauigkeit und Kontrollmöglichkeit erfüllte und eine rhythmische Übung der Hand erforderte. Dann geschah eine Konzentration, die fast eine Isolierung von der Umgebung war.

Indessen glaubten bis dahin alle, es sei ein Wesenszug des kleinen Kindes, seine Aufmerksamkeit nicht auf etwas konzentrieren zu können, sondern rasch von einem Gegenstand zum anderen zu wechseln. Damals hielt James von der Harvard University[14] gerade Psychologie-Vorträge in London, in denen er über diese »charakteristische Instabilität« sprach und hinzufügte, die Erziehung werde keine Probleme mehr machen, wenn es gelänge, die Aufmerksamkeit des Kindes festzuhalten. Man behauptete auch stets, die Mentalität des Schwachsinnigen, der seine Aufmerksamkeit nicht auf etwas konzentrieren kann, stelle einen Stillstand der Entwicklung auf der Stufe des kleinen Kindes dar.

Und da zeigten sich nun diese kleinen Kinder zu einer Konzentration fähig, die nicht einmal beim Erwachsenen möglich ist, abgesehen von einigen Ausnahmefällen genialer Menschen, die ihren Platz in der Geschichte haben. Dieses Phänomen wiederholte sich bei den Kindern so oft, dass ich daraus schließen musste, es handele sich dabei um ein ganz normales Phänomen.

Nach diesen Zuständen der Konzentration schien ein neuer Geist die Kinder zu beseelen. Wie verwelkende Blumen eine nach der anderen ihre Köpfe wieder aufrichten, wenn man sie in

Wasser stellt, so sah man von Tag zu Tag die erhobenen Köpfe, die strahlenden Augen, die lebendigen Bewegungen der Kinder. Es war eine wirkliche und spontane Neugeburt. Es ist so ähnlich wie dann, wenn man ein Loch in die harte und trockene Erde bohrt, bis man auf Wasser stößt. Dann kommt ein Wasserstrahl hervor, der nie aufhört, weil das Gewässer im Inneren nicht dem kleinen Loch entspricht, sondern zu einem riesigen Reservoir gehört.

So verhielt es sich auch mit der wunderbaren Fortsetzung dieser ersten Phänomene, bei denen der kreative Geist dieser Kinderseelen aufblühte.

Es ist schon merkwürdig, dass trotz ihrer wieder gewonnenen Lebenskraft die Spielzeuge keine große Anziehungskraft auf sie ausübten. Die Kinder betrachteten die Spielzeuge ein wenig, fassten sie an und stellten sie wieder beiseite. Wenn ich darauf beharrte, dass sie damit spielten, schien es mir, als ob sie es eher aus Höflichkeit machten, um eine erwiesene Freundlichkeit anzunehmen.

Diese Phänomene ließen mich begreifen, dass das Kind im Alter von drei bis fünf Jahren genaue Übungen ausführen muss. Diese Erkenntnis wurde alsbald praktisch angewendet. Wenn wissenschaftliche Materialien diese außergewöhnliche

Konzentration hervorrufen konnten, so gab es doch auch viele andere Übungen im Gemeinschaftsleben, die eine genaue Tätigkeit anregen konnten. Tatsächlich reichte es aus, bestimmte Besonderheiten genau zu zeigen, und sofort interessierte sich das Kind dafür; etwa wie ein Knopf in ein Knopfloch gebracht wird, wie ein Tisch gesäubert wird, wie man den Boden fegt usw. Die Kinder machten beim Fegen alle Ecken überaus sorgfältig sauber. Beim Abwischen eines Tisches ließen sie keine Einzelheit ungeputzt: Ränder, Seiten, Beine. So fanden sie auch Interesse daran, ihre Hände überaus gründlich zu waschen, dabei kein Wasser zu verschütten, die Seife an die richtige Stelle zu legen, usw.

Man wird leicht verstehen, dass auf diese Weise ein aktives und sehr abwechslungsreiches Leben entstehen konnte, das zu einer wunderbaren Ordnung der Umgebung führte. Die Kinder bewegten sich dank dieser Liebe zur Genauigkeit, ohne an Möbel zu stoßen, ohne etwas umzuwerfen. Sie waren ruhig und heiter. Sie zeigten keine laute Fröhlichkeit. Diese lärmende Freude, die wir als charakteristisch für eine Ansammlung von Kindern ansehen, gab es überhaupt nicht. Aber auf ihrem Gesicht war wirkliche Glückseligkeit zu sehen. Immer wieder wandten sie sich den wissenschaftlichen Materialien zu, die sie mit angespannter Aufmerksamkeit handhabten. So kam es dazu, dass die Übungen des praktischen Lebens[15] zusammen mit dem wissenschaftlichen Material eingeführt wurden.

Aber das Interessante daran sind die Folgen, die sich auch bei den Übungen des praktischen Lebens ergaben, wenn man das Kind frei handeln ließ. Es trat etwas Ähnliches ein wie bei der Arbeit mit dem Material, nämlich die Wiederholung der Übung. Wenn die Arbeit mit minutiöser Genauigkeit zu Ende geführt und vollständig gelungen war, fing das Kind wieder von vorne an. Zum Beispiel knöpfte das Kind ein Kleidungsstück mit einer solchen Sorgfalt, dass es für uns schon eine Qual war, auf das Ende dieser Arbeit zu warten, und sofort danach knöpfte es das Kleidungsstück wieder auf und fing von vorne an. Es konnte drei-, vier-, zehnmal dasselbe machen. Es wurde also nicht von einem äußeren Ziel gesteuert, sondern von einem natürlichen Antrieb. Tatsächlich verstehen wir heute, dass eine sensitive Periode[16] beim Wachstum in diesem Alter das Kind dazu drängt, die motorische Funktion der Hand mit dem Komplex der psychischen Aktivitäten zu verbinden, und dass dies ein Mittel für die Entwicklung der Persönlichkeit darstellt.

Es wiederholt also die Übung, um eine ihm eigene Funktion aufzubauen und nicht wegen eines Interesses an einem äußeren Ziel. Dieses Phänomen haben wir »Wiederholung der Übung« genannt. Das Merkwürdige ist die Feststellung, dass dies nicht vor und nicht nach einem bestimmten Lebensalter auftritt. Warum aber wurde dieses Phänomen nie beobachtet, wenn es ein natürlicher Impuls ist? Sehr wahrscheinlich, weil die Erwachsenen den Kindern nie Gelegenheit gegeben haben, sich mit Nützlichem und Ernsthaftem zu befassen, sondern ihnen immer nur Spielzeuge gegeben haben. Wenn man auch diese sensitive Periode noch nicht entdeckt hatte, waren indessen die Folgen wohlbekannt, welche die Hindernisse in ihrer Umgebung auf die Entwicklung der Kinder hatten. Die Nervosität der Kinder, die gewaschen oder gekämmt werden, usw., ihre Aufgeregtheit ohne einen ersichtlichen Grund, ihre krampfartigen Launen oder andere Äußerungen dieser Art sind die andere Seite des Problems. Es ist das Ergebnis der fehlenden Möglichkeit, einer sensitiven Periode frei nachzugehen. Indessen hat man immer festgestellt, dass ein Kind aus dem einfachen Volk oder ein Landkind ruhiger ist als ein Stadtkind, das immer beaufsichtigt und bedient wird, weil es auf dem Land oder beim einfachen Volk möglich ist, seinem natürlichen Aktivitätsdrang nachzukommen, wenn auch nicht vollkommen.

Wenn es nicht möglich ist, dass die normale Funktion sich festigt, die zu jeder konstruktiven Wachstumsphase gehört, äußert sich die Kraft auf Abwegen. Sie kann, da sie ihr Ziel in der Realität nicht erreichen kann, die verschiedensten Formen annehmen. Wir nennen sie die Launen und die Ungezogenheit unserer Kinder. Stets folgen daraus eine verhinderte Funktion und deshalb eine Veränderung des Charakters, und zwar vor allem Faulheit und Schwierigkeiten bei der Benutzung der Hände, Widerstand gegenüber der Arbeit und exakten Beschäftigungen. All das kann man oft mit Willenskraft nur schwer oder gar nicht korrigieren, wenn die sensitive Periode vorbei ist.

Ein Phänomen, das diesem zu widersprechen scheint, zeigte sich, als dieselben Versuche mit reichen Kindern desselben Alters oder besser derselben sensitiven Periode gemacht wurden. Diese Kinder besaßen keinerlei Konzentration in Verbindung mit den Materialien. Sie wollten sie nicht richtig benutzen, sondern nach ihrer Phantasie;

oder sie lehnten sie gelangweilt ab und bevorzugten das Spielzeug. Dieses Phänomen kommt häufig vor, gerade in Kindergärten, in welche Kinder aus wohlhabenden Familien gehen. Die Wahrheit wäre so ohne die festen und sicheren Offenbarungen unserer ersten Kinder für immer verborgen geblieben. Aber die Feststellung dieser ganz offensichtlichen Fakten gab uns angesichts dieser verschiedenen Reaktionen einen deutlichen Hinweis. So konnten wir die Gründe eines so markanten Unterschieds aufdecken, bei dem sich Merkmale zeigten, die einander fast völlig entgegengesetzt waren.

Es gibt hauptsächlich zwei Gründe. Der erste und wichtigste Grund ist, dass das Kind, dem zu viel vom Erwachsenen geholfen wird, bei den praktischen Aufgaben der Beziehungen zwischen Individuum und Umgebung von ihm abhängig bleibt. Anstatt selber handeln zu können, ist es immer der Erwachsene, der für es handelt. So kommt es, verbunden mit vielen Formen von Unruhe, zu einer Art von Anhänglichkeit, die eine fast pathologische Intensität annimmt. Das Kind will sich nicht von der Mutter, dem Kindermädchen oder einem älteren Bruder oder einer älteren

Schwester lösen. Unter diesen Bedingungen ist seine befreiende Aktivität unterbunden.

Der andere Grund liegt im Überfluss von Spielzeug. Das Spielzeug, zumindest das übliche, eignet sich nicht für eine mit Genauigkeit auszuführende Aufgabe oder für ein nützliches Ziel und man kann die komplexen Aktivitäten, die für eine normale Entwicklung erforderlich sind, damit nicht ausüben. Es entsteht also das Phänomen einer Abweichung, die gefährlich werden kann. Der Gegenstand hat nur einen äußeren Wert und das Gefühl, das er auslöst, ist nur das, ihn besitzen zu wollen.

So entsteht diese sehr verbreitete Abweichung, die wir »Besitzgier« nennen. Es handelt sich um einen Impuls, in dem sich Kräfte konzentrieren, die nicht die Möglichkeit hatten, sich zu entwickeln. Das Kind möchte ohne Sinn etwas besitzen, mit Gewalt, vielleicht sogar, ohne es näher anzusehen, und zerstört die in Besitz genommene Sache. Das ist der Charakterzug eines Kindes in diesem Alter. Es möchte alles haben und deshalb auch die Sachen der anderen und wirft danach alles weg. Das wissen Mütter nur zu gut, die ihre Kinder im Alter von drei und fünf Jahren zufriedenstellen wollen, indem sie ihnen völlig gleiche

Sachen geben, damit sie nicht miteinander streiten. Aber auch so ist der Familienfriede nicht möglich, da jedes Kind beides ganz für sich haben will. Ich fasse zusammen: Die Abhängigkeit und die Besitzgier sind die beiden wichtigsten Abweichungen, die in einem frühen Alter die konstruktive Arbeit verhindern.

Aber es ist merkwürdig, zu beobachten, was während der Genesung dieser Kinder unweigerlich geschieht, wenn sie in einer ruhigen Umgebung sind, die ihnen Motive für Aktivitäten mit wirklichen Zielen bietet. Sie fangen an, die Hilfe des Erwachsenen bewusst zu meiden. Sie sind darauf bedacht, sich dagegen zu wehren und selbst etwas zu machen. Sie fangen an, zu handeln und ihr Verhältnis zum Erwachsenen genau zu verstehen. »Hilf mir, es selbst zu tun«, sagen sie. Wenn das Kind anfängt, allein zu handeln, wird der Erwachsene auf eine schwere Probe gestellt. Er muss Geduld haben und das Kind alleine tätig sein lassen.

Ich habe noch den verzweifelten Gesichtsausdruck eines Kindermädchens vor Augen, das ein kleines Mädchen von der Schule abholte und es eilig hatte, noch rechtzeitig zum Mittagessen nach Hause zu kommen. Es war Winter, und damals benutzte man noch Kleidungsstücke, die seit einigen Jahrzehnten zum Glück nicht mehr in Mode sind. Es gab nämlich fast beinlange Gamaschen aus Leder, die mit runden Knöpfen besetzt waren, die sich ganz dicht nebeneinander befanden. Das Mädchen hatte an dem Morgen gelernt, Knöpfe mit Hilfe eines Knöpfhakens, der viel Geschicklichkeit erforderte, zuzuknöpfen. Sie hatte sich selbst diese langwierige und schwierige Aufgabe ausgesucht. Das kleine Kind saß auf einem Teppich auf dem Boden, fuhr mit seiner unendlichen Arbeit fort und lehnte alle Hilfsangebote des Kindermädchens ab. »Nein, nein, alleine, ich selbst!« Endlich war sie fertig und mit Entsetzen sah das Kindermädchen, dass das Mädchen die Gamasche von oben nach unten wieder aufknöpfte, um erneut mit dem Zuknöpfen anzufangen.

Andere merkwürdige Phänomene sind die unerwarteten Befreiungen aus Abhängigkeiten. Ich erinnere mich an ein vierjähriges Kind, das von einem Gegenstand zum anderen wechselte, ohne sich auf eine bestimmte Arbeit konzentrieren zu können. Seine größte Sorge war, festzustellen, ob seine Mutter noch da war, und wenn sie sich einmal entfernte, schrie und jammerte es. Deshalb musste die Mutter dableiben. Auch sie war nervös und darauf bedacht, von dort loszukommen.

Plötzlich findet das Kind Gefallen daran, ein Tischchen abzuwischen, und es macht die Arbeit mit Genauigkeit und mit Unmengen von Seifenschaum. Das war der Wendepunkt. Das Kind machte sich keine Sorgen mehr um die Anwesenheit seiner Mutter und sie konnte in aller Ruhe gehen. Ihr Kind war auf dem Weg der Genesung.

Diese Gegenbeispiele machen die Offenbarungen unserer ersten Kinder noch deutlicher. Diese Kinder kamen wie arme Seelen zu uns, schüchtern und ängstlich auf Grund der fehlenden Anreize, aber sie brachten keinen der inneren Komplexe mit, welche die Folge von Auseinandersetzungen und unbewussten Kämpfen sind. Sie waren wie ausgetrocknete Schwämme, die in Wasser getaucht wurden. So gingen diese Seelen wie verwelkte Blumen auf, sobald sie sich in der richtigen Umgebung befanden, und die verborgenen kreativen Impulse breiteten sich mit einer wunderbaren Leichtigkeit aus.

Sie machten den Eindruck von befreiten Gefangenen, die ihre Geschichten erzählten und Offenbarungen machten für Personen, die ihnen nicht zuhörten und sie nicht verstanden, weil sie zu einer anderen Welt gehörten.

Ich war zu sehr davon überzeugt, dass Kinder

beinahe unbewusst leben, um zu verstehen, dass sie mit ihrer ganzen Seele zu unserer Welt gehören, dass sie bewusst und einsichtig waren und vor Verlangen bebten, an unserem Leben teilzunehmen. Sie waren alle richtige Baumeister, sie waren die Schöpfer des Menschen, so wie er von der geistigen Natur entworfen war, und sie waren ständig mit dieser anspruchsvollen Konstruktion befasst. Aber ich brauchte sehr lange, bis ich es merkte, und noch länger, bis ich von ihrer bewussten Anwesenheit in unserer Welt völlig überzeugt war. Die Kinder trugen keine Masken. Es waren auch keine Äußerungen von fehlgeleiteten Kräften. Sie stellten den normalen Menschen dar, der sich aus eigener Kraft aufbaut. Ich aber hatte sie noch nicht verstanden. Ich ehrte sie noch nicht als »Väter des Menschen«.

Als ich eines Tages mit einem gewickelten Mädchen im Alter von vier Monaten zu ihnen kam, dachte ich nicht im Geringsten daran, dass sie weit über den einfachen Scherz, den ich mir vorgenommen hatte, hinausgehen würden. Ich wollte nur scherzen, als ich ihnen sagte: »Sie ist artiger als wir alle. Denn schaut einmal ihre Füße an. Kein anderer kann sie so ruhig zusammenhalten wie sie.« Damit wollte ich darauf anspielen, dass ihre Füße in den Windeln zusammengepresst waren. Aber sie waren ganz aufgeregt, mir und dem Mädchen gespannt zugewandt, und alle hielten instinktiv die Füße zusammen und blieben absolut unbeweglich. Ich setzte meinen Scherz fort, wollte die Überlegenheit des Mädchens, das ich im Arm hielt, weiter preisen und sagte daher: »Keiner kann aber wie sie atmen. Hört nur, wie zart ihr Atem geht.« Alle blieben ganz ernst, mir zugewandt, und hielten ihren Atem an.

Da entstand bei uns eine beeindruckende Stille. Es war so, als ob eine spirituelle Wolke über uns herabgesunken sei. Es war eine Stille, die uns in eine andere Welt versetzte. Denn sonst nicht wahrnehmbare oder weit entfernte Geräusche drangen zu uns: das Geräusch der Flügel der Fliegen, das Ticken einer Uhr, das Zirpen eines Spatzen im Garten. Aber von uns, aus unserer Welt kam nicht der leiseste Laut mehr. Geräusche werden nämlich durch Bewegung verursacht.

Ich dachte zunächst, die kleinen Kinder hätten nur *verstanden,* dass eine beeindruckende Stille entsteht, wenn man bewegungslos bleibt. Aber ich musste feststellen, dass sie sich sogar danach sehnten. Denn auf meine ganz kurze Einladung, die Stille wahrzunehmen, antworteten sie mit Begeisterung und wurden sofort wieder bewegungslos, so als ob sie es mit großem Vergnügen genießen würden. So ergab sich daraus, wie man sagen könnte, ein dynamischer Gehorsam, dessen Grundlage Begeisterung und Inspiration waren und nicht ein Befehl.

Es war aber trotzdem für mich schwierig, mich von meinen Vorurteilen zu lösen und zu verstehen, dass es eine wirkliche Welt eines hellwachen und spirituellen Bewusstseins bei diesen Kindern gab. Immer wieder unterlief es mir, dass ich die Kinder so betrachtete, wie wir sie gewöhnlich kennen. Aber noch mehr: meine Neigung zum Experiment machte sich wieder bemerkbar und versetzte mich wieder zurück in die begrenzte, plumpe und mechanische Einstellung, in der ich bis dahin gelebt hatte. Ich dachte mir, diese Stille sei eine günstige Gelegenheit, um die Gehörschärfe der Kinder zu prüfen.

Um die Gehörschärfe der Kinder zu messen, muss man nämlich von einem Zustand der Stille ausgehen, den man aber selten in unserer Umgebung findet. Diese Gelegenheit war indessen geeignet, um Experimente zur Aufmerksamkeit beim Hören zu machen. Itard war es nämlich gelungen, das Gehör von hörgeschädigten Kindern zu schulen, indem er ihre Aufmerksamkeit auf Geräusche lenkte, die an einem ruhigen Ort gerade noch über die Schwelle des Bewusstseins gelangten.

Mein Experiment bestand nun darin, in einen Nachbarraum zu gehen, von da aus jedes Kind mit Flüsterstimme beim Namen zu rufen und zu mir kommen zu lassen. Wer seinen eigenen Namen hörte, sollte aufstehen, ins andere Zimmer kommen und versuchen, dabei kein Geräusch zu machen. Um bei einer so außergewöhnlichen Übung Erfolg zu haben, hatte ich nach besonders leckeren Bonbons gesucht, die für so arme Kinder gewiss eine köstliche Seltenheit sein mussten. Ich gab sie den Kindern, die zu mir kamen, um sie auch bei einer so langen Übung ruhig zu halten. Aber zu meiner Überraschung erlebte ich, dass alle Kinder die Süßigkeiten ablehnten oder sie so annahmen, als ob sie von etwas Störendem belästigt würden. Sie aßen sie aber nicht. Ich beobachtete sie. Ihre Gesichter drückten ein Gefühl der Freude aus. Sie waren glücklich, ihren Namen zu hören und wiederzuerkennen, es fertigzubringen, ohne Lärm hinauszugehen, von einer flüsternden Stimme in tiefster Stille gerufen zu werden und sich wie ein Schatten zu fühlen. Das war für sie die Faszination der Übung. Meine Bonbons waren bei einer solchen Einstellung entwürdigend, sie waren fehl am Platz. Ich nahm sie wieder weg, beschämt über meine grobe Fehleinschätzung. Später wurde unsere Stille-Übung in unseren Schulen in der ganzen Welt verbreitet. Ich hatte mich an Ohr und Geschmack der Kinder gewandt, aber stattdessen antwortete mir ein Chor von Kindern mit sehr empfindsamem Bewusstsein.

Ja, diese Welt, die aus Menschen bestand, die stets die Anstrengung suchten und es genossen, sich höher zu entwickeln, wurde allmählich die außergewöhnliche Realität, die mich glauben ließ, mich in einer unbekannten Welt zu befinden. Ich versuchte, mich ihrer würdig zu erweisen, obwohl ich noch oft in meine Vorurteile zurückfiel.

Ich redete zum Beispiel laut mit der Lehrerin, als ob die Kinder, weil es ja Kinder waren, nicht verstünden, was ich sagte. So sprach ich einmal von einer wichtigen Besucherin, die während meiner Abwesenheit kommen werde. Ich empfahl der Lehrerin, die Kinder ihrer gewohnten Arbeit nachgehen zu lassen, und fügte hinzu: »Ich hoffe, sie wird hier die liebsten Kinder der Welt finden«. Die Lehrerin erzählte mir später ganz erstaunt, dass die Kinder wahre Wunder vollbracht hätten, als ob jemand ihnen Aufträge erteilt hätte. Ich blickte zu den Kindern und verstand sie. Sie hatten meine Empfehlungen mitgehört und hatten ihr Bestes gegeben. Sie hatten auf meinen Wunsch gehört, »als die liebsten Kinder der Welt« beurteilt zu werden. Ich war fast erschrocken darüber, dass sich die Sache so verhielt.

Die Kinder hatten jetzt ihre Sinne mit den Übungen und dem wissenschaftlichen Material verfeinert. Sie konnten die kleinsten Abstufungen der Farben unterscheiden und die musikalischen Töne vom Klang der Glocken bis zum dumpfen Ton von abgestuften Holzstäben. Ihre Beobachtungskraft war scharf und gleichzeitig feinfühlig. Sie interessierten sich für jede Kleinigkeit und begannen, aufmerksam auf ihre Bekleidung und den Schmuck in ihren Wohnungen zu achten. Sie wollten zu Hause alles sauber geputzt haben und machten ihre Mütter auf deren Unordnung aufmerksam. Allmählich verschwanden von den Fenstern die schmutzige Wäsche und die zerbrochenen Töpfe und blühende Geranien begannen die Fensterbänke dieser armen Häuser zu verschönern. Das war der Einfluss der Kinder auf ihre Eltern. Die Umgebung des einfachen Volkes erhielt die ersten Unterweisungen durch diesen Lehrer der Menschheit, den Vater des Menschen.

Es war dies ein erster Beweis dafür, dass die gefühllos gewordene Welt der Erwachsenen mit der Welt der Kinder in Kontakt treten muss, mit der noch heilen menschlichen Seele, die unser Leben hervorbringt. Dieser belebende Kontakt offenbart die Möglichkeit unserer Rettung.

Eine der einzigartigsten Erfahrungen war der Versuch, diese Kinder zu unterrichten. Die Lehrerin war froh über die Erlaubnis, die Buchstaben des Alphabets zu lehren. Ich kann hier nicht all die Materialien beschreiben, die wir für diesen Zweck angefertigt haben. Unter anderem gab es ein Material, das dann aber in unseren Schulen außer Gebrauch gekommen ist. Es waren Plakate, auf denen einige nach verschiedenen Gesichtspunkten angeordnete Buchstaben gemalt waren.

Als ich eines Tages zur Schule kam, fand ich die Kinder lärmend und aufgeregt vor. Sie machten eine Art Prozession und riefen dabei laut. Manche Kinder hielten mit gestreckten Armen die Plakate mit den Buchstaben des Alphabets hoch. Es sah aus wie das kleine Abbild eines politischen Protestmarsches nach einer aufregenden Versammlung, wenn die Menge beschriebene Plakate hochhält. Die Lehrerin stand beschämt etwas abseits. »Es ist wegen des Alphabets. Sie sind von den Buchstaben begeistert«, sagte sie zu mir. In der Tat waren die Kinder so begeistert, dass sie mich nicht begrüßten, so als ob sie meine Anwesenheit gar nicht bemerkt hätten.

Der Grund für diese Begeisterung war schnell erkannt. Es war die Korrespondenz des Zeichens aus dem Alphabet mit einem einzelnen Laut der Wörter. Das hatte den Wortschatz der Sprache eines jeden Kindes gewissermaßen in Aufruhr versetzt. Sie analysierten laut die Laute der Wörter, die sie kannten, und die Tatsache, dass diese Zeichen sie darstellten, löste bei ihnen eine fast wahnsinnige Freude aus. Die Plakate wurden daher wie in einem Triumphzug umhergetragen.

Eine ganz neue Aktivität begann in der Schule bei den Kindern im Alter von ungefähr viereinhalb Jahren. Sie wollten nicht mehr das wissenschaftliche Material benutzen, sondern nur die Buchstaben des Alphabets aus dem Material anfassen, das für sie vorbereitet worden war. Sie begannen alsbald, Wörter mit den beweglichen Buchstaben[17] zusammenzusetzen, indem sie einen neben den anderen stellten. Man konnte nachdenkliche Kinder beobachten, ganz erfüllt von innerer Aufmerksamkeit. Man hörte sie leise Laute murmeln wie beim Flüstern. Sie analysierten die Laute ihrer eigenen Wörter und bestimmten die zugehörigen Laute des Alphabets: »f, s, o, r«. Dann arbeiteten sie mit ihren Händchen am Zusammensetzen der Buchstaben des Alphabets. Das Ergebnis waren Wörter. Als ich überrascht zu einem Kind ging und das von ihm zusammengesetzte Wort laut vorlas, um meine Anerkennung anzudeuten, schaute es mich verblüfft an, als ob es sagen wollte: »Wie weißt du das? Wie hast du das Wort herausgefunden, das ich im Sinn hatte?« Tatsächlich war das Phänomen des Lesens mit dieser sonderbaren Übung noch überhaupt nicht verbunden. Als ich nun vorbeiging und seine Wörter vorlas, erschien ich ihm wie eine allwissende Göttin.

Eines Tages fingen sie wirklich an, mit Kreide zu schreiben, und sie schrieben alle Wörter, die sie kannten, überall hin. Sie bedeckten den Fußboden damit und die Möbel des Raumes. Dieses Phänomen nannten wir »Die Explosion des Schreibens«. So fingen unsere Kinder im Alter von viereinhalb Jahren an zu schreiben.

Sie konnten nicht lediglich noch nicht lesen, sondern schienen gänzlich unfähig zu sein, sich dieser Arbeit zuzuwenden. Auch wenn sie selbst ein Wort zusammengesetzt hatten und aufgefordert wurden, es zu lesen, konnten sie es nicht, und es sah so aus, als ob sie nicht einmal verständen, was von ihnen verlangt wurde. Keiner las die Wörter vor, die ein anderer zusammengesetzt oder geschrieben hatte. Erst sechs Monate später begannen die Kinder zu lesen. Das Lesen kam dann schnell. Die Kinder lasen die Wörter, wo sie welche fanden, z. B. auf Schildern von Geschäften und dann schließlich auch in Büchern. Ohne jede vorbereitende Übung verstanden sie die Geschichten, die in Büchern niedergeschrieben waren. Auch die verschiedenen Schriftarten wurden intuitiv verstanden. Vergleichbar ist das mit dem Bemühen eines Wissenschaftlers bei der Entzifferung der Zeichen einer prähistorischen Schrift.

Diese so außergewöhnliche geistige Aktivität war ein wirklich überraschendes psychologisches Phänomen, das nicht das Ergebnis einer Erziehungsmethode war. Vielmehr war es eine Art spontaner Ursprung einer möglichen Erziehungsmethode, die sich auf den von den Kindern selbst gemachten Enthüllungen psychischer Kräfte aufbauen konnte.

Warum geschah dies alles?

Meine Aufgabe bestand nur darin, die Fakten zu interpretieren und sie dann möglicherweise in der Erziehung anzuwenden. Ich führe folgende zwei Fakten an:

- Die Liebe zu Genauigkeit und die Wiederholung der Übung verbunden mit einer Form von geistiger Konzentration, die sich im Alter von drei bis vier Jahren findet.
- Die Tatsache des spontanen Schreibens im Alter von vier bis fünf Jahren.

Das Merkwürdige daran ist, dass eine erfolgreiche Durchführung der Übung unmöglich ist, wenn man versucht, sie ein Kind von sechs Jahren wiederholen zu lassen. Wenn man ferner einem Kind im Alter von sechs oder sieben Jahren das Alphabet gibt, weckt das wenig Interesse und niemals die Explosion des Schreibens. Es gibt also Phänomene außergewöhnlicher Aktivitäten, die mit einem bestimmten Alter verbunden sind. Daraus folgte die Entdeckung der sensitiven Perioden in der psychischen Entwicklung des Menschen.

Es geschah in den Niederlanden zu einer Zeit, in der De Vries in der Welt der Biologen eine führende Rolle spielte mit seinen bekannten Thesen von den spontanen Mutationen der Arten, was dem Darwinismus widersprach. Einige seiner Anhänger interessierten sich für meine Erfahrungen und erkannten in diesen wunderbaren Fakten das Phänomen, das bei der individuellen Entwicklung der Lebewesen untersucht worden war und das als »sensitive Periode« bezeichnet wird. Während dieser Zeit erwirbt das Wesen, das sich in der Entwicklung befindet, eine charakteristische Besonderheit, und wenn der Entwicklungsschritt zu Ende ist, hört auch die Sensibilität auf.

Das vierjährige Kind äußerte in seiner Begeisterung für das Alphabet und in der Explosion des Schreibens eine besondere Sensibilität. Sie bestand darin, die Unterschiede der vorher ungeordnet erworbenen Worte endgültig zu bestimmen. In dieser Periode stellt das Alphabet offensichtlich eine wunderbare äußere Hilfe dar. Es ermöglicht nämlich, mit handhabbaren Gegenständen die geistige Arbeit zu materialisieren, zu der die Natur während der sensiblen Periode drängt.

Diese Offenbarung des Kindes öffnete jedoch wirklich den Weg für eine Erziehungsmethode und vermittelte Einsichten in viele Besonderheiten, die praktischen Nutzen haben und daher allgemein angewendet werden können. Die Tatsache, dass das Schreiben leichter ist als das Lesen, und dass das Schreiben nicht durch ein Buch gelernt werden soll, sondern durch die Analyse der Sprache, die in unserem Geist schon existiert, war zum Beispiel einer der praktischsten Beiträge zum Erfolg meiner Erziehungsmethode. Sie hat wirklich einen Fortschritt dargestellt.

In der Tat macht das Kind, das mit Hilfe von Symbolen in Form von Gegenständen, die es handhaben kann, seine eigenen Wörter schreibt, eine selbstständige Untersuchung. Es ist genötigt, die Wörter, die es in seiner Sprache schon verwendet, in Laute zu zergliedern, und macht daher eine Arbeit, die einer Entdeckung gleicht. Die geschriebenen Wörter sind das Ergebnis seines eigenen Bemühens, selbst die Wörter zu analysieren, die es schon verwendet, und dies macht das Schreiben äußerst interessant und einfach, mag es auch nicht den explosiven Charakter des vorhergehenden Lebensalters aufweisen. Aber wenn man die Schrift von Kindern, die sie in der sensitiven Periode gelernt haben, vergleicht, erkennt man dort eine Perfektion, die später unerreichbar ist.

Über dieses anscheinend widersprüchliche Prinzip, dass das Schreiben dem Lesen vorangeht, wurde viel diskutiert. Aber ich möchte hier nur eine entzückende Schlussfolgerung zitieren, die ich vor einiger Zeit in einer Diskussion darüber gehört habe: »Was ist in der Geschichte der Menschheit eher aufgekommen, das Schreiben oder das Lesen?« »Ganz offensichtlich das Schreiben, weil man sonst gar nichts hätte lesen können.«

Nun, die Schrift ist etwas, was der Mensch geschaffen hat, um Gedanken in einer sinnlich wahrnehmbaren Form auszudrücken. Die Schrift ist etwas wirklich Kreatives, das zusammen mit der Kunst des Zeichnens entstanden ist. Es ist also natürlich, dass das Schreiben von der Sprache in unserem Geist ausgeht und nicht vom Buch. Aber diese einfache Tatsache musste uns das Kind deutlich machen. Man versteht, dass es uns, wenn es frei in seinen Äußerungen ist, nicht nur unbekannte Wahrheiten über den Aufbau der menschlichen Seele offenbaren, sondern uns auch helfen kann, uns von Vorurteilen und Gewohnheiten in unserem Denken zu befreien, die zu Barrieren unseres natürlichen gesunden Menschenverstands geworden sind.

Das war so beeindruckend bei dieser Gruppe außergewöhnlicher Kinder. Ständige Enthüllungen, die von ihren einfachen, aber von geistigem Leben erfüllten Handlungen ausgingen, faszinierten die Erwachsenen, die in ihre Nähe kamen. Sie vermittelten ihnen den Eindruck, dass die Kinder eine unbekannte Weisheit besitzen und dass sie bei uns einige Barrieren zerbrechen können, die unser Herz gefangen halten.

Das Kind offenbart uns eine Welt, die sich von der unsrigen unterscheidet. Daraus können wir Kräfte schöpfen, die unser kraftlos gewordenes Leben erfrischen. Darin liegt die große Bedeutung des Kindes.

Gerade deswegen begannen sich unzählige Menschen für diese Gruppe von Kindern zu interessieren. Es war nicht deren Fähigkeit, entzückende Glückwunschsätze in schönster Schrift zu schreiben. Es war auch nicht die Feinheit ihrer sinnlichen Wahrnehmung, die sie fähig machte, Farbabstufungen zu erkennen, welche die Erwachsenen nicht zu unterscheiden vermochten. Es war vielmehr – wie man sagen könnte – ihr Ich, das sie so attraktiv machte. Es war die Persönlichkeit des Kindes, die so unbefangen und einfühlsam war, die zu empfangen wusste und zu trösten verstand, die etwas Verborgenes oder Verdecktes in der Tiefe eines jeden von uns anrührte. Eine Art neues Leben stieg wie aus einem Abgrund auf, aus dem tiefsten Grund des Herzens, und gab neuen Lebensmut.

In diesen schmucklosen Raum eines Sozialhauses im ärmsten Viertel Roms kam ein Strom unterschiedlicher Besucher: von der Königin bis zu Arbeitern, von Staatsministern und Aristokraten bis hin zu einfachen und armen Leuten. Sie alle kamen, um diese Kinder zu besuchen. Schließlich verbreitete sich ihr Ruf in der Welt und Menschen aus allen Erdteilen kamen, besonders aus Amerika. In kurzer Zeit wurde eine Fülle von Literatur über sie geschrieben.

Aber anstatt zu verstehen, dass es sich um eine geistige Offenbarung handelte, um etwas Neues, das den Schleier über einer unbekannten Größe, die der Mensch ist, lüftete, sprach man von einer Erziehungsmethode, die Wunder vollbrachte. Man schrieb also einer äußeren Ursache zu, was das Erscheinen innerer, zarter Äußerungen war, die lang dauernde Studien erfordern sollten.

Daraus sollte nicht eine neue Erziehungsmethode entstehen, sondern ein neuer Mensch, der bessere Mensch, dem die zukünftige Welt anvertraut werden kann.

Anmerkungen

[1] Jean Martin Charcot (1825–1893) wirkte als Professor für Neurologie in Paris.

[2] Endokrinologie meint die Lehre von der Funktion der Drüsen mit innerer Sekretion.

[3] Charles Édouard Brown-Séquard (1817–1894) arbeitete als Arzt und Dozent und war Professor für Nervenphysiologie in Paris.
[4] Im damaligen Sprachgebrauch bezeichnete man geistig behinderte Kinder als »idiotisch« oder »schwachsinnig«. Auch Montessori bediente sich dieser allgemein üblichen Bezeichnungen, ohne damit allerdings eine Abwertung zu verbinden.
[5] Jean Marc Gaspard Itard (1774–1838), seit 1800 Chefarzt am Taubstummen-Institut in Paris, wurde bekannt wegen seiner Erziehungsversuche an »Victor«, einem in den Wäldern von Aveyron aufgegriffenen »Wolfsjungen«. Édouard Séguin (1812–1880), Schüler Itards, wie dieser Arzt und Pädagoge sowie Pionier der Heilpädagogik, arbeitete zunächst in Frankreich, dann in den USA. Montessori betrachtet beide als die Hauptanreger für ihr pädagogisches Denken und Handeln.
[6] Im heutigen Sprachgebrauch würde man von »Nervenheilanstalt« sprechen.
[7] Wilhelm Wundt (1832–1920), deutscher Psychologe und Philosoph, zunächst Mediziner, u.a. Professor an der Universität Leipzig.
[8] Gustav Theodor Fechner (1801–1887), deutscher Physiker, Psychologe und Naturphilosoph. Er forschte u.a. über die Beziehungen zwischen physikalischem Reiz und Sinnesempfindung (Psychophysik).
[9] Alfred Binet (1857–1911), französischer Psychologe.
[10] Friedrich Fröbel (1782–1852), deutscher Pädagoge, Begründer des »Kindergartens«.
[11] Die Beauftragung Montessoris erfolgte bereits 1906, die Eröffnung dieses ersten »Kinderhauses« am 6. Januar 1907.
[12] Montessori verwendet, wie international üblich, »Schule« und »Lehrerin« auch für Einrichtungen wie den Kindergarten und die dort tätigen Erzieherinnen.
[13] Es handelt sich um das Kapitel »Die Wiederholung der

Übungen« des Buches »L'enfant« (= »Das Kind«), das erstmals 1936 in Paris erschien.

[14] William James (1842–1910), amerikanischer Philosoph und Psychologe, von 1876–1907 Professor an der Harvard University in den USA.

[15] Montessori spricht von »Übungen des praktischen Lebens« oder auch von »Übungen des (all)täglichen Lebens«.

[16] Montessori hat den Begriff »sensitive Periode« bzw. »sensible Phase« von dem niederländischen Biologen Hugo de Vries (1848–1935) übernommen, um damit die besondere Empfänglichkeit des Kindes für den Erwerb bestimmter Fähigkeiten in spezifischen zeitlich begrenzten Phasen seiner Entwicklung zu kennzeichnen.

[17] Die Arbeit mit dem beweglichen Alphabet wird von Montessori näher beschrieben in GW Bd. 4: Praxishandbuch der Montessori-Methode, Freiburg 2010, 2. Aufl. 2011, S. 133–135. Vgl. ferner GW Bd. 1: Die Entdeckung des Kindes, Freiburg 2010, 3. Aufl. 2015, S. 566–567.

Nachwort des Herausgebers

Maria Montessori (1870–1952) war eine hervorragende Rednerin, die trotz schwieriger Zeitumstände unermüdlich in Vorträgen und Ausbildungskursen ihre pädagogischen Ideen in aller Welt zu verbreiten suchte. Meist sprach sie ohne Manuskript. Auch wenn sie zur gleichen Thematik sprach, handelt es sich trotz der Parallelität mancher ihrer Gedankengänge fast nie um bloße Wiederholungen. Ihre Ausführungen wurden mitgeschrieben, oft von damit besonders beauftragten Personen. Aus solchen Mitschriften sind viele ihrer Aufsätze und Bücher entstanden. In der auf etwa zwanzig Bände angelegten wissenschaftlichen Edition der Gesammelten Werke Montessoris im Verlag Herder werden Hintergründe und Entstehungszusammenhänge ihrer Schriften näher erläutert. Im Folgenden werden nur einige Hinweise gegeben, die zum besseren Verständnis der in diesem Buch abgedruckten Texte Montessoris beitragen können.

1. Das Kind (1922)

Dieser Vortrag wurde von Maria Montessori im Herbst 1922 bei der Pädagogischen Woche in Brüssel als erster in einer Vortragsreihe gehalten. Er wurde unter dem Titel »Généralités sur ma methode« im November 1922 in einer belgischen Zeitschrift auf *Französisch* veröffentlicht.[1] Auf *Deutsch* erschien dieser Text erstmals 1926 mit dem Titel »Allgemeines über meine Methode« als Kapitel 6 in Montessoris Buch »Das Kind in der Familie«[2], wenig später auch auf *Italienisch* (1927)[3] und *Spanisch* (1928)[4]. Beträchtliche Zeit danach wurde er 1941 in Indien, wo sich Maria Montessori und ihr Sohn Mario von 1939 bis 1949 durch den 2. Weltkrieg bedingt aufhielten, auf *Englisch* unter dem veränderten Titel »The Child« noch einmal veröffentlicht.[5]

Dieser Titel »Das Kind« von 1941 wird hier übernommen. Denn die Pädagogik Maria Montessoris stellt nicht nur eine »Methode« für beliebige Zwecke dar, sondern ein umfassendes Konzept. Ein verengtes Verständnis ihrer Pädagogik als bloße »Methode« hat Montessori selbst in der letzten von ihr 1949 veröffentlichten Schrift zurückgewiesen. Es heißt dort:

»Man möchte gern in einigen deutlichen Worten das Wesen der Montessori-Methode ausgedrückt sehen. Wenn wir nun nicht allein den Namen, sondern auch die allgemein gängige Auffassung von ›Methode‹ aufgeben und stattdessen eine andere Formulierung verwenden würden: Wenn wir sprächen von einer ›Hilfe für die menschliche Person, ihre Unabhängigkeit zu erobern‹, von einem ›Mittel, sie von der Unterdrückung durch die Vorurteile über die Erziehung zu befreien‹, dann würde alles klar sein. Die menschliche Personalität muss in den Blick genommen werden und nicht eine Erziehungsmethode. Die Verteidigung des Kindes, die wissenschaftliche Erkenntnis seiner Natur, die Proklamation seiner sozialen Rechte müssen an die Stelle der zerstückelten Weisen, die Erziehung zu konzipieren, treten. Angesichts der Tatsache, dass ›menschliche Personalität‹ jedem menschlichen Sein eigen ist und Europäer wie Inder und Chinesen Menschen sind, betrifft und interessiert es gerade deshalb alle von Menschen bewohnten Länder, wenn wir Lebensbedingungen feststellen können, welche die menschliche Personalität fördern.«[6]

In den beiden Texten schildert Montessori auch ihr Erlebnis mit einem etwa dreijährigen Mädchen, das eine Übung mit dem Material der Einsatzzylinder über vierzigmal durchführt und dabei ein Höchstmaß von Konzentration zeigt. Sie bezeichnet dieses Verhalten an anderer Stelle als »*Polarisation der Aufmerksamkeit*«. Es stellt für sie das Schlüsselphänomen für den Entwurf ihrer Pädagogik dar.

2. Das Kind offenbart sich selbst (1936)

Im Jahr 1936 hielt Maria Montessori an der Université des Annales in Paris eine Serie von drei Vorträgen, die in der Universitätszeitschrift *Conférencia* auf *Französisch* veröffentlicht wurden. Der zweite dieser Vorträge vom 4. Dezember 1936 hatte den Titel »L'enfant révélé par lui-même«. Er wurde 1941 zusammen mit den beiden anderen Pariser Vorträgen

Montessoris in dem von Albert M. Joosten im Auftrag Montessoris herausgegebenen Sammelband »Door het kind naar een nieuwe wereld« auch auf *Niederländisch* veröffentlicht. Dieser Band liegt in *deutscher* Übersetzung mit dem Titel »Durch das Kind zu einer neuen Welt« als Bd. 15 der Gesammelten Werke Montessoris vor (Freiburg 2013). Der Vortrag bildet darin das Kapitel VIII.

In diesem Text stellt Montessori einerseits die medizinisch-heilpädagogischen Wurzeln ihres pädagogischen Denkens dar und ihre eigene intensive wissenschaftliche Schulung im Rahmen des damals als fortschrittlich geltenden naturwissenschaftlich orientierten Wissenschaftsansatzes in Medizin, Psychologie und Pädagogik. Zugleich weist sie aber auf die Grenzen des zunächst von ihr eingeschlagenen Forschungsweges hin, vor allem hinsichtlich der grundlegenden Perspektive und Fragestellung. Sie macht andererseits deutlich, dass ihre Erfahrungen im Kinderhaus von San Lorenzo 1907 in Rom für den Aufbau ihrer Pädagogik fundamentale Bedeutung gewonnen haben, wobei nicht die einzelnen Einsichten entscheidend sind – so wichtig sie auch sein mögen –, sondern der grundlegende Wandel der Forschungsperspektive, zu der ihr diese Erfahrungen verhalfen. Sie kommt zu der Einsicht, dass eine phänomenologisch orientierte Beobachtung in relativer Freiheit sich betätigender Kinder zu einem umfassenderen Erkenntnisfortschritt und zur Revision als sicher geltender Auffassungen über kleine Kinder und deren Wesensart führt: »Das Kind offenbart sich selbst«.

Anmerkungen

1 Siehe *La femme belge* 6 (1922), n. 6 (November), p. 505–516.

2 Siehe Montessori, Maria: Das Kind in der Familie, Wien 1926, S. 51–70, sowie Stuttgart 1954 (Neuausgabe), S. 45–60; jetzt Bd. 7 der Gesammelten Werke Montessoris, Freiburg 2011, 2. Aufl. 2017, S. 39–52.

3 »Generalità sul mio metodo« in: *Idea Montessori* 1 (1927), n. 7, p. 3–5.

4 »Ideas generales sobre mi método«, in: Montessori, Maria: *Ideas generales sobre mi método*, Madrid 1928, p. 13–35.

5 »The Child«, in: *The Theosophist* LXIII (1941), no. 3 (December), p. 166–176.

6 Montessori, Maria: Formazione dell'uomo, Milano 1949; auf *Deutsch:* Über die Bildung des Menschen, Freiburg 1966; Zitat S. 16. Siehe auch GW Bd. 18: Über die Bildung des Menschen (in Vorb.)

Literaturhinweise

Ausführliche Verzeichnisse von Primär- und Sekundärliteratur zur Pädagogik Maria Montessoris auf dem jeweils aktuellen Stand finden sich in jedem der Bände der Gesammelten Werke (= GW):

Maria Montessori: Gesammelte Werke, hrsg. von Harald Ludwig in Zusammenarbeit mit Christian Fischer, Michael Klein-Landeck und Volker Ladenthin, in Verbindung mit der Association Montessori Internationale (AMI), Freiburg: Verlag Herder 2010ff.

Bisher sind folgende Bände erschienen:

Bd. 1: Die Entdeckung des Kindes, Freiburg 2010, 3. Aufl. 2015

Bd. 2/1: Anthropologische Schriften I: Frühe anthropologische Werke 1903–1906, Freiburg 2019

Bd. 2/2: Anthropologische Schriften II: Pädagogische Anthropologie, Freiburg 2019

Bd. 3: Erziehung und Gesellschaft – Kleine Schriften aus den Jahren 1897–1917, Freiburg 2011

Bd. 4: Praxishandbuch der Montessori-Methode, Freiburg 2010, 2. korrigierte Aufl. 2011

Bd. 5: Kalifornische Vorträge – Gesammelte Reden und Schriften von 1915, Freiburg 2014

Bd. 7: Das Kind in der Familie, Freiburg 2011, 2. Aufl. 2017

Bd. 11: Psychoarithmetik – Die Arithmetik dargestellt unter Berücksichtigung kinderpsychologischer Erfahrungen während 25 Jahren, Freiburg 2012

Bd. 12: Psychogeometrie – Das Studium der Geometrie basierend auf der Psychologie des Kindes, Freiburg 2012

Bd. 14: Von der Kindheit zur Jugend: Grundschule – Sekundarschule – Universität, Freiburg 2015, 2. Aufl. 2018

Bd. 15: Durch das Kind zu einer neuen Welt, Freiburg 2013, 2. Aufl. 2017

In Vorbereitung sind folgende weitere Bände:

Bd. 6/1: Die Selbsterziehung des Kindes in der Grundschule: Grundlagen

Bd. 6/2: Die Selbsterziehung des Kindes in der Grundschule: Praxis

Bd. 8: Gott und das Kind

Bd. 9: Frieden und Erziehung

Bd. 10: Grundlagen meiner Pädagogik

Bd. 13: Das Geheimnis der Kindheit

Bd. 16: Kosmische Erziehung

Bd. 17: Der absorbierende Geist

Bd. 18: Über die Bildung des Menschen

Bd. 19: Neue Welt und Erziehung

Bd. 20: Briefe Maria Montessoris

Zur Einführung in Theorie und Praxis der Montessori-Pädagogik geeignete aktuelle Textsammlungen mit weiterführenden Literaturhinweisen sind:

Ludwig, Harald (Hg.): Grundgedanken der Montessori-Pädagogik – Quellentexte und Praxisberichte, begründet von Paul Oswald und Günter Schulz-Benesch, vollständig überarb. u. erweiterte Neuausgabe, Freiburg 2017 (25. Gesamtauflage, erstmals 1967)

Böhm, Winfried (Hg.): Maria Montessori – Einführung und zentrale Texte, Paderborn 2010

Weitere Montessori-Perlen

Maria Montessori
Kosmische Erziehung
Erziehung für die Eine Welt
80 Seiten | Kartoniert
ISBN 978-3-451-38749-4

Maria Montessori
Kinderrechte
Die soziale Frage des Kindes
80 Seiten | Kartoniert
ISBN 978-3-451-37782-2

In der Reihe »Montessori-Perlen« erscheinen ausgewählte Texte Maria Montessoris zu zentralen Themen ihrer Pädagogik. Die Bezeichnung »Perlen« erinnert an das Montessori-Material für den Bereich »Mathematik«, bei dem »Perlen« eine wichtige Rolle spielen. Zudem verbindet sich mit diesem Wort die Vorstellung des Kostbaren, d. h. es soll sich bei den Texten um besonders gelungene Beiträge Montessoris handeln, deren Wortlaut durch die Übernahme aus der wissenschaftlichen Edition der »Gesammelten Werke« Montessoris im Verlag Herder gesichert ist.

In jeder Buchhandlung!

HERDER

www.herder.de